Unsere Hannah,
nur etwas zu klein

Zu diesem Buch

Als unsere kleine Hannah in der 26. Schwangerschaftswoche mit nur 720g plötzlich und ohne Vorwarnung in unser
Leben „fiel", stand unsere Welt still. Der Kampf um das
Überleben unserer Tochter begann auf einer Intensivstation
und nicht wie geplant in einer gemütlichen Wiege zu Hause.
In dieser Zeit habe ich diese Briefe an Hannah geschrieben,
um meine Ängste, Gedanken und alle Geschehnisse zu sor-
tieren. Hannah und Mara sollten irgendwann mal wissen,
welche schwere Zeit uns verbindet und wie wir es geschafft
haben.

Dorothe Schleibach

Dorothe Schleibach arbeitet als Fachkrankenschwester auf
einer operativen Intensivstation und hat durch Hannah auch
mal die „andere" Seite der Intensivmedizin kennengelernt.

Dorothe Schleibach

Unsere Hannah,
nur etwas zu klein

Bibliografische Information der Deutschen Nationalbibliothek
Die Deutsche Nationalbibliothek verzeichnet diese Publikation in der
Deutschen Nationalbibliografie; detaillierte bibliografische Daten sind
im Internet über: http://dnb.d-nb.de abrufbar.

© 2008 Dorothe Schleibach
Satz, Umschlaggestaltung, Herstellung und Verlag:
Books on Demand GmbH, Norderstedt
ISBN 978-3-8334-2109-9

Für alle, die mit uns gebangt, gehofft und gebetet haben.

Unsere Tochter Mara kam in der
34. Schwangerschaftswoche zur Welt.
Da habe ich gedacht, ich hätte einiges erlebt
und Mara wäre ganz schön klein,
bis Hannah in unser Leben schoss.

Bei meiner ersten Schwangerschaft musste ich
12 Wochen
im Krankenhaus liegen.
In dieser Zeit habe ich gelernt, wie wichtig Freunde sind.
Nachdem Hannah geboren wurde, habe ich gelernt,
dass viele Dinge, die wir für wichtig halten,
überhaupt nicht zählen.

Ich hörte am Fenster ein Kinderlachen, und wusste, es wird ein toller Tag
(Roland Leonhardt)

FREITAG 12. Juli 2002

„Heut ist ein schöner Tag zum Leben."
Morgens bin ich recht fertig. Die Nacht war sehr unruhig.
Dauernd war ich wach, hatte Angst mich zu bewegen und
dir damit zu schaden.
Jetzt sind wir schon seit einer Woche im Krankenhaus, immer in der Hoffnung, deine Geburt noch etwas herauszögern zu können. Es hat doch gerade erst die 26. Schwangerschaftswoche angefangen. Du bist noch viel zu klein.

Doch wir sind beide zu gestresst. Seit Dienstag ist die
Fruchtblase nun ganz geplatzt. Die Wehen, weiterhin regelmäßig, drücken dich so fest zusammen, dass der Oberarzt
der Gynäkologie beschließt, nicht länger zu warten.
Ich bin mit dieser Entscheidung einverstanden, irgendwie
richtig erleichtert, obwohl ich weiß, dass es für dich sehr
gefährlich wird. Aber ich kann nicht mehr.
Ich habe schreckliche Angst.
Ich rufe Papa im Krankenhaus an (er arbeitet als Anästhesist im Nachbarkrankenhaus) und sage ihm: „Heut ist ein
schöner Tag zu Leben".
Dann geht alles ganz schnell. Ultraschall, Kreissaal, Vorbereitung auf den Kaiserschnitt. Papa ist schon da. Der Wehentropf ist einfach abgestellt worden, als feststand, dass
man dich holen will. Die Wehen wurden immer stärker und
das CTG war nicht angeschlossen. Ich hatte so Angst, dass
etwas mit dir nicht stimmt, und keiner es nun bemerkt.
Papa ist recht blass.
Aufgrund deiner Lage und meiner Erschöpfung einigen wir
uns auf eine Vollnarkose.

Deswegen berichtet Papa von deiner Geburt und wie er sich gefühlt hat, wie es dir ergangen ist, nur etwas später, weil er noch Zeit braucht.

Als ich aufwache, habe ich schreckliche Schmerzen. Naja, Schmerztherapie war nicht so.

Papa ist da, immer noch recht blass. Du wärest ganz schön klein, aber soweit sei alles stabil.

Dann geht er dich besuchen und kommt mit einem Foto wieder. Mich erschrecken die Schläuche an und in dir nicht so sehr, ich arbeite ja als Intensivschwester auf einer Intensivstation.

Oh weh, recht winzig.

720 g. Hannah, etwas mehr als eine Margarinendose.

Irgendwie kann ich mir das alles nicht vorstellen.

Außerdem habe ich mit mir und den Schmerzen recht viel zu tun.

Morgen darf ich zu dir.

Mama

Nachtrag zum 12.7.2002 von Frank

Von dem Kaiserschnitt, deiner Geburt kann ich eigentlich nicht viel berichten. Ich war einfach nur geschockt.

Ich war schon bei ganz vielen Geburten als Anästhesist dabei.

Nur dieses Mal war es wie in einem Film, einem Film, bei dem ich nur Zuschauer sein darf.

Da liegt meine Doro, erschöpft von den letzten Tagen. Meine Tochter soll heute geholt werden, obwohl wir noch gar nicht bereit sind, auf ein Leben mit ihr. Was geschieht da nur?

In Erinnerung ist mir vor allen Dingen eins geblieben. Die Welt stand still!!

Als du geboren wurdest, als man dich hochhob, stand auf einmal die Welt still. Ich hörte gar nichts mehr, der Monitor, die OP-Geräusche, alles war weg …, und alle schauten mich an.

Alle warteten auf eine Reaktion von mir. Kein Laut war zu hören, der Oberarzt, der dich hielt, schaute mich an, einfach alle schauten zu mir.

Das ganze dauerte nur einen Augenblick, dann wieder heftiges Treiben. Man brachte dich nach hinten zu den Kinderärzten und alles lief irgendwie weiter …

Als ich dich dann auf der Kinderintensiv besucht habe, war ich beruhigter. In deinem Inkubator, versorgt mit allen mir bekannten medizinischen Mittel, sahst du nicht mehr so klein und zerbrechlich aus wie im OP.

Papa

SAMSTAG 13.7.2002   2. TAG

Morgens bin ich noch recht wackelig. Ich habe immer noch nicht verstanden, dass ich nicht mehr mit dir verbunden bin, dass du weg bist. Ende der Schwangerschaft. Alles nur ein Traum.

Ich habe eindeutig versagt und weiß jetzt gar nicht, was ich machen soll.

Man kann alles nicht verstehen. Die Schwestern haben mir zu meiner Entbindung gratuliert. Habe ich denn entbunden, was ist denn passiert? Ich verstehe das alles gar nicht.

Mittags fährt mich Papa im Stühlchen zur Kinderklinik. Sie ist im gleichen Krankenhaus, nur in einem anderen Trakt. Papa ist ein bisschen besorgt, ob ich das schaffe. Aber ich will dich sehen, meine kleine Maus.

Mein erster Besuch bei dir.

Ich habe es mir schlimmer vorgestellt.

Du bist sehr winzig, aber alles dran. Nur ein paar Nummern kleiner. Du liegst friedlich in deinem Inkubator, tolerierst die Beatmung und scheinst zu schlafen.

Hannah, das im Inkubator da bist du, meine Tochter.

Aber du gehörst doch noch gar nicht auf diese Welt. Was ist nur geschehen?

Die Schwester erzählt, du wärest richtig motzig, wenn sie was an dir machen muss. Aber du hattest ja jetzt auch Stress genug. Wehr dich ruhig.

Abends versuchen sie dich schon auf Nasen-CPAP zu bringen. Das ist eine Unterstützung deiner Atmung mit einem Beatmungsschlauch. Du scheinst eine kräftige Lunge zu haben.

Ach, Hannah wachse und kämpfe.

Die ganze Welt wartet auf dich.
Deine Schwester Mara war auch da. Sie ist recht kuschelig,
vermisst mich und versteht das alles gar nicht.
Schlaf gut.

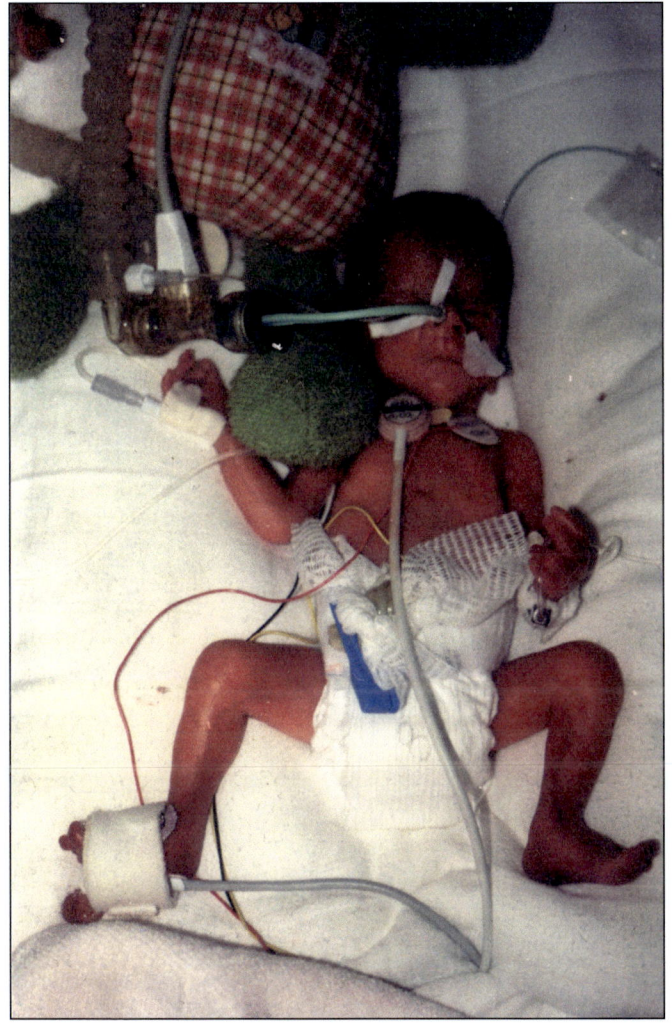

SONNTAG 14.7.2002   3. TAG

Heute siehst du gestresst aus.

Der friedliche Ausdruck auf deinem Gesicht ist verschwunden.

Der Weaningversuch ist gescheitert, das heißt, dass die Beatmungs-Maschine weiterhin deine Atmung übernimmt.

Du brauchst jetzt Katecholamine (kreislaufunterstützende Medikamente) und die Niere will auch nicht so richtig.

Hey, was ist los?

Als ich mittags bei dir bin, muss ich nur weinen.

Warum habe ich nicht noch etwas länger ausgehalten. Dann wärst du schwerer und hättest nicht so einen stressigen und gefährlichen Start. Was habe ich nur falsch gemacht?

Liebe Hannah, kämpfe!

Wir warten alle auf dich.

Mara braucht dich, will große Schwester sein.

Irgendwie habe ich noch immer Angst, dich zu berühren. Du bist so zerbrechlich.

Und unter der Phototherapie (UV- Licht, für die hohen Bilirubinwerte) siehst du noch zerbrechlicher aus.

Mama

MONTAG 15.7.2002   4. Tag

Heute um 12.00 Uhr kommt Jürgen, ein guter Freund, einer der Seelsorger von unserer Intensiv. Er wird dich taufen.
Morgens kommen Mara und Oma Resi. Sie haben ein tolles Kreuz für dich mitgebracht.
Deine Taufe ist sehr schön. Jürgen sagt, die ganze Welt mit ihrem wundervollem Glanz und vielen Überraschungen wartet auf dich.
Oh, Hannah, ich habe solche Angst. Ich halte bei der Taufsegnung dein Köpfchen. So klein, so zart.

Danach schmieden Papa und ich Pläne. In zehn Jahren fahren wir alle vier nach Alaska. Da waren Papa und ich nämlich schon, ein wunderbares Land, voller Natur und voller Träume. Unendliche Weite voller Ruhe und Harmonie.
Abends geht es dir nicht so gut. Etwas hat dich geärgert. Deine Blutgase sind auch nicht gut und der Blutzucker ist völlig durcheinander.
Lange sitze ich bei dir, streichele dich und singe dir vor, vom Sonnenkäfer, vom Mondgesicht, alles, was mir so einfällt.
Erst hatte ich ein bisschen Scheu, so vor allen zu singen, aber für dich mache ich es. Ich habe das Gefühl, dich damit zu beruhigen, Geborgenheit zu geben.

Papa hat immer Angst, wenn er bei dir ist. Er braucht etwas Zeit.
Er hat heute gesagt, wir machen es wie Beppo Straßenkehrer.

Aus Momo …

Beppo ist Straßenkehrer und immer wenn er eine lange Straße kehren muss, blickt er nicht nach vorn. Er blickt immer auf den Besenstrich und dann wieder auf den nächsten Besenstrich. So kommt er schnell und gut voran. Würde er immer nach vorn schauen und sehen, wie viel er noch fegen muss, die ganze Arbeit sehen, würde er hetzen und denken, er könne nie das Ende erreichen, er würde nie fertig. Aber so, bei jedem Besenstrich, geht alles viel ruhiger. Und wenn man dann am Ende angekommen ist, ist man nicht aus der Puste. Man hat die ganze Straße geschafft. Strich für Strich …

So, liebe Hannah, machen wir das auch.

Tag für Tag, Besenstrich für Besenstrich.

Schlaf gut

DIENSTAG 16.7.2002   5. TAG

Heute Morgen geht es dir gut. Du siehst richtig friedlich aus. Die Schwester hat dich heute gewogen. Nachdem du in den ersten Tagen abgenommen hast, wiegst du jetzt schon wieder 715 g.

Ich streichele dich, und singe dir das Lied von dem Sonnenkäfer:

„Erst kommt der Sonnenkäferpapa,
dann kommt die Sonnenkäfermama
und hinten drein,
ganz klitzeklein,
die Sonnenkäferkindelein …"

Mittags sind Papa und ich wieder da. Der Chefarzt möchte mit uns sprechen. Er kommt nicht, hat bestimmt viel zu tun. Das Frühchen gegenüber bereitet den Schwestern große Sorgen.
Wir müssen rausgehen. Papa ist geschockt, ich versuche nur an dich zu denken und nichts anderes wahrzunehmen.
Als ich um 15.00 Uhr wiederkomme, ist der andere Bettplatz leer. Also hat dieses Würmchen es nicht geschafft.
Ich habe Angst. Ich habe immer nur gedacht, dass alles dir schon helfen wird, habe aber nie an irgendwelche Grenzen in der Therapie gedacht.
Die Schwester erzählt, dass es sehr ungewöhnlich ist, wenn es so schnell geht. Ich will aber nicht daran denken. Ich will dich doch mit nach Hause nehmen, wir alle vier sollen doch eine Familie sein.

Ach Hannah, ich bin sowieso nicht gut drauf. Alles zwickt und zwackt.

Auf meinem Zimmer liegt eine Frau, die heute eine kleine Hannah entbunden hat. Zufrieden schlummert diese süße Maus auf Mamas Brust. Hätten wir das nicht auch verdient? Warum alles?

Dafür geht es Mara heute besser. Sie ist gutgelaunt und spielt wieder richtig. Papa und ich finden morgens zwei dicke neue Backenzähne. Daher also das Fieber und das Kuschelige.

Ich bringe jetzt noch deine Milch weg und versuche dann zu schlafen. Wenigstens klappt es mit dem Abpumpen.

Morgen kommt der nächste Besenstrich.

Mama

MITTWOCH 17.7.2002　　　　6. TAG

Ach Hannah.

Heute ist ein ganz seltsamer Tag.

Ich glaube, das Baby von meiner Bettnachbarin macht mich ziemlich eifersüchtig. Als es bei den Beiden mit dem Stillen nicht geklappt hat, habe ich kurz mit dem Gedanken gespielt, nicht zu helfen. Ist das nicht schrecklich. Wie kann ich so egoistisch sein. Ich habe aber dann doch geholfen.

Dir geht es auch nicht so gut heute, Der Sauerstoff ist auf 50 % hoch, du scheinst wohl eine Pneumonie (Lungenentzündung) zu entwickeln.

Hey Hannah, aufpassen!

Heute Morgen war auch wieder die ältere Krankenschwester da. Noch komme ich nicht so zu recht mit ihr. Vielleicht sollte ich ihr eine Chance geben, nett zu sein.

Dein HB Wert ist auf 10 mg % gesunken, viel zu wenig, so dass du heute eine Bluttransfusion bekommst, 13 ml fremdes Blut. Ist wichtig für den Kreislauf und den Sauerstofftransport im Körper.

Ich bin so traurig, liebe Hannah.

Meine Bettnachbarin wird mittags in ein anderes Zimmer verlegt. Ist gut so.

Dein Papa ist abends auch sehr traurig, weil du jetzt recht instabil bist.

Wir haben Angst.

Ich muss erst einmal richtig heulen.

Ach liebe Hannah, hätte ich doch nur länger ausgehalten.
Was tue ich dir nur an, was musst du alles schon ertragen.
Warum kann ich meinen Kindern keinen einfacheren Start
verschaffen.
Was habe ich denn falsch gemacht?
Frank versucht mich zu trösten. Ein trauriger Tag.

Gott schütze dich.

DONNERSTAG 18.7.2002   7. TAG

Oh Hannah.

Heute Morgen war ich richtig sauer und traurig zugleich.
50 % Sauerstoff, du völlig gestresst und keiner will mir was
sagen, oder traut sich einfach nicht. Visite sei um 11.00 Uhr.
Völlig verunsichert gehe ich.
Heute ist Abschlussuntersuchung, Fäden ex und morgen
geht's nach Hause.
Abends sind eine sehr nette Ärztin da und der Oberarzt,
der die Intensivstation leitet. Weiterhin sehr instabil, Pneumonie und daher Antibiose umgestellt.
Heute wird uns auch das erste mal so richtig gesagt, das
erste Mal richtig bewusst, dass die akute Hirnblutung allein
nicht die gefürchtete Komplikation ist. Da dein Gehirn so
unreif sei, ohne ausgebildeten Hirnwindungen usw., müsse
man auch bei dir mit geistigen und körperlichen Behinde-
rungen rechnen. Ich will informiert sein. Frank soll morgen
sofort Literatur bestellen.

Ach Hannah, auch Papa hat ganz seltsame Gedanken. Ich
erzähle ihm, dass ich mir überlegt habe, dass das Frühchen,
welches gestorben ist, das Quotenfrühchen sei und nun
wären sie bei dir noch ehrgeiziger. Ist das nicht schrecklich?
Wie kann man so etwas denken? Ich bin geschockt.
Frank sagt mir, er habe ähnliche Gedanken gehabt. Man sei
nun mal völlig unter Strom und stehe sich selbst nun mal
am nächsten. Trotzdem grausam.

Ich habe noch einmal angerufen. Dir geht es weiter unverändert.

Heute hatte ich wieder Schmerzen, geht doch wohl noch nicht ohne Schmerzmittel.

Mara war mit Oma Resi da. Sie hat ganz schrecklich geweint beim Abschied, sie ist völlig verwirrt. Ihre kleine heile Welt ist nun auch durcheinander, was habe ich euch nur angetan, was ist passiert? Aber es ist das letztes mal Verabschieden hier im Krankenhaus, morgen werde ich entlassen.

Mama

FREITAG 19.7.2002   8. TAG

Hallo liebe Hannah.

Heute bist du schon eine Woche alt. Ein seltsamer Tag.
Ich darf nach Hause gehen, freue mich darauf, aber dann
kann ich nicht mehr so nah bei dir sein. Meine Gefühle sind
hin und her gerissen. Mara stand schon an der Tür und hat
mich erwartet. Leider konnte mich dein Papa nicht abho-
len, er musste arbeiten. Deswegen hat Opa Heinz mich
abgeholt.

Mara war so aufgeregt. Sie hat sich total gefreut. Sie hat
mich gar nicht mehr losgelassen. Ich muss jetzt doch auch
für Mara da sein, sie ist auch noch so klein und so ängstlich.
Sie ist ja erst 15 Monate. Hoffentlich gelingt mir das alles.
Heute hat dein Papa auch Geburtstag. Freude will aber nicht
so recht aufkommen, alle sind sehr betrübt. Jetzt fehlst nur
noch du, kleine Hannah.
Abends fahren Papa und ich noch einmal zu dir.
Du brauchst jetzt immer mehr Sauerstoff, deine Lunge wird
immer schlechter.
Ach, Hannah, liebe Maus, kämpfe.

Mama

SAMSTAG 20.7.2002   9. Tag

Während ich bei dir sitze, spielen Mara und Papa auf dem Spielplatz, ich kann sie durch das Fenster sehen. Ich träume, dass du auch mal mit der Mara um die Wette laufen, mit ihr rutschen kannst und dich mit ihr um die Schaukel streitest. So sind wir uns als Familie ganz nah, auch wenn Mara nicht weiß, dass es dich gibt. Wir haben ihr noch gar nichts von dir erzählt, noch nicht erzählt, dass sie eine kleine Schwester hat, die jetzt um ihr Leben kämpfen muss.

Meine Gefühle für dich sind immer noch ganz durcheinander. Du warst zwar in meinem Bauch, aber so richtig angefreundet hatten wir uns noch nicht. Ich habe deine Tritte noch gar nicht so richtig fest gespürt, ich war noch gar nicht auf ein Leben mit dir eingerichtet. Dabei wollte ich deine Schwangerschaft so richtig genießen, viel mit Mara spielen, auf der Terrasse liegen und unser Leben zu Viert vorbereiten und nun …

Hannah, wenn ich mich jetzt an dich gewöhne, dich richtig lieben werde, dich schon als meine Hannah in mir aufnehme, was mache ich dann, wenn du es nicht schaffst? Oh, bin ich grausam. Oder ist das zu egoistisch?

Liebe Hannah, kämpfe.
Ich würde dir so gern helfen.
Aber im Moment können wir dich nur streicheln, für dich singen und einfach nur hoffen.

Hannah, du musst unbedingt abführen. Die enterale Ernährung (durch einen Magenschlauch) kommt komplett zurück und du erbrichst viel. Dein kleiner Bauch bläht sich immer mehr auf, so dass die Beatmungsdrücke auch immer höher werden, was dann wieder deinem Lungengewebe schadet.

Abends beginnen wir mit der Produktion deiner CD. Wir wollen dir eine CD brennen, mit Liedern, Geschichten und all unserer Hoffnung, damit wir dir immer nah sind, auch wenn wir nicht bei dir in der Klinik sind. Der Papa hat auch gesungen … Die Schwester hat kleine Boxen besorgt, die wir dir dann in den Inkubator stellen können.

Ich bin recht fertig, der Wochenfluss ist weg (viel zu früh) und die Naht ist entzündet. Aber das geht alles vorbei.

Papa wird immer stiller. Er hat immer noch ständig Angst, bei jedem Telefonanruf wird er noch blasser und schreckt zusammen. Abends im Bett weint er immer ganz leise, aber ich merke es trotzdem.
Er will gar nicht über unsere Zukunft reden. Er will nie mehr irgendetwas planen. Alles kommt eh anders, nichts läuft richtig glatt, er ist völlig frustriert, hat Angst vor unserer gemeinsamen Zukunft. Er ist immer nur glücklich, wenn der Tag vorbei ist und du es wieder einen Tag mehr geschafft hast, du wieder einen Tag älter und reifer bist.

Ich habe ein Buch über ein anderes Frühchen gelesen. Eine Art Tagebuch. Aber, bei dem kleinem Jungen geht immer alles glatt, er nimmt schnell zu, wurde nur kurz beatmet, alles in Ordnung. Toll, ob das wirklich alles so glatt gelaufen ist? Der Junge soll heute ein ganz aufgewecktes Kerlchen sein. Hannah, das schaffen wir auch.

Ich rufe noch einmal bei dir an, alles unverändert.

SONNTAG 21.7.2002   10. TAG

Oh, Hannah.

Wir haben schreckliche Angst um dich, ich muss ständig weinen. Die Schwester schauen immer richtig ernst.
Dein Bauch ist so gebläht, du hast keinen Stuhlgang, erbrichst alles.
Oh, Hannah, als Papa heute Morgen bei dir war, kam er richtig ängstlich wieder.
Du hast das Abführmittel erbrochen, der Sauerstoff ist nun über 50 %. Hoffentlich hast du nicht aspiriert (in die Lunge bekommen).
Die Angst wächst.

Mittags kommt der Stationsarzt, faselt was von Unternehmungen, Verlegung nach Köln in die Kinderchirurgie und von NEC (schwere Darmerkrankung aufgrund Mangeldurchblutung) und geht.
Ach Hannah. Später ruft er an, redet von starken Medikamenten, Abführmittel, die über die Vene gegeben werden und recht viele Nebenwirkungen haben. Aber wenn du eine Stenose (Engstelle) hast? Es ist schrecklich, wenn man Ahnung von den ganzen Medikamenten hat, die Angst wird immer größer.
Deine Lunge wird immer schlechter. Der Sauerstoff wird immer höher gestellt und die Beatmung wird immer aggressiver.

Hannah, denk an die Welt!
Wir alle warten auf dich.
Heute ist deine CD fertig geworden. Das ist das einzige, was

wir im Moment für dich tun können. Sie ist wunderschön geworden. Wir singen dir schöne Schlaflieder, Papa liest dir eine Geschichte von kleinen süßen Bären vor, selbst Mozart ist ins Tonstudio gekommen.

Morgen fragen wir noch einmal wegen der Muttermilch. Ich verstehe nicht, warum die nicht für dich geschaffen sein soll. Ich habe gelesen, dass die Muttermilch der Frauen von Frühchen extra anders zusammengestellt ist, genau auf deine Bedürfnisse abgestimmt, viel Fett, und viel mehr Abwehrstoffe. Also genau richtig für dich.

Schlaf trotzdem gut, ich habe dich lieb.

MONTAG 22.7.2002 11. Tag

Hallo, liebe Hannah.

Obwohl du immer noch nicht abgeführt hast, sieht alles etwas entspannter aus. Heute Morgen hat Papa mit den Ärzten gesprochen. Der Oberarzt, der die Intensivstation zurzeit betreut, sieht die Lage nicht so dramatisch.
Die Ernährung ist auf Muttermilch umgestellt, so dass ich ein besseres Gefühl habe. Hast du auch viel besser vertragen, ist auch nicht wie die andere Ernährung zurückgekommen. Also, denk daran, morgen wird abgeführt.
Heute bist du von richtig netten Schwestern versorgt worden. Da fühle ich mich auch viel besser.

Schlaf gut, süße Maus. Und denk an den Morgenschiss!

Hallo, liebe Hannah.
Irgendwie scheinst du jetzt lebhafter zu werden. Die Schwester sagt Kröte zu dir und heute Mittag warst du sogar eine Gewitterhexe. Aber gut so, alle sind glücklich über dein „Gekrame".
Und du hast nach der Darmspülung etwas abgeführt!!!!!

Ich sitze so gern bei dir und schaue dir beim Schlafen zu. Hannah, du siehst dann genau wie deine Schwester Mara bei ihrer Geburt aus, nur halt ein paar Nummern kleiner. Du hast genau die gleichen friedlichen Augen, wenn du schläfst, die gleichen Gesichtszüge, die kleine Nase.

Morgen ist unser großer Tag.
Wir dürfen dich das erste Mal halten, das erste Mal ganz nah sein dürfen, das erste Mal dich spüren. Känguruhen nennt man das bei so kleinen Mäusen wie dich …
Halte durch und kämpfe.

Mama

Ach Hannah.

Jeder Besenstrich ein „auf und ab".
Du führst wieder nicht richtig ab.
Außerdem mussten sie dich heute umintubieren, das heißt, einen neuen Beatmungsschlauch durch die Nase einführen.
Als ich mittags komme, schläfst du, siehst aber völlig gestresst aus. Was ist passiert?
Leider können wir heute nicht känguruhen, du bist zu instabil, dabei hatte ich mich so gefreut.

Die Schwestern sind sehr nett und liebevoll zu dir.

Ich liebe dich.

DONNERSTAG 25.7.2002 14. TAG

Eigentlich war dein Tag recht friedlich.

Heute durfte ich dich wieder nicht halten.

Beim Absaugen hattest du wieder richtigen Stress. Da habe erstmalig gesehen, wie knapp alles ist, wie instabil du bist. Schnell war deine Sättigung auf 47 % und deine Herzfrequenz auf 80 Schläge/ min, deine Haut wurde ganz schillernd.

Ich hatte richtig Angst.

Oh Gott, Hannah, du warst so grau und hast so lange gebraucht, um dich wieder zu erholen.

Jetzt ist es passiert. Dabei wollte ich das doch gar nicht zulassen. Ich habe dich so schrecklich lieb, du bist ein Teil von mir geworden. Hannah, ich will, dass du kämpfst, dass du es schaffst, egal wie. Ich habe dich in mein Herz gelassen, jetzt darf dir nichts mehr passieren, jetzt müssen wir es schaffen.

Abends war wieder alles friedlich. Du hast so schön geschlafen. Du genießt es mittlerweile, wenn wir dich kraulen und dir vorsingen.

Die CD gefällt dir sehr gut, sagen die Schwestern. Du wirst richtig ruhig beim Hören. Wir bringen dir noch unsere Alaska- CD mit. Von unserem Urlaub. Mit Naturmusik. Du reagierst bestimmt wunderbar auf diese Musik.

Abgeführt hast du immer noch nicht.

Ich drücke dich ganz lieb.

Mama

FREITAG 26.7.2002   15. TAG

2 Wochen alt.

Heute geht es dir gar nicht gut, siehst grau und krank aus, gestresst und völlig instabil.

Ach Hannah. Wir sind ganz traurig. Hannah, wir müssen immer an dich denken. Ich bin so froh, dass wir uns zu Hause gegenseitig stützen, und auch zusammen weinen können. So behalten wir unsere Hoffnung.

Langsam lerne ich dich nun auch kennen, dich und deine Vorlieben. Ich kann dich auch nicht mehr wegdenken, kann dich nicht mehr leugnen. Ich habe dich mittlerweile richtig lieb, leide bei jedem Absaugen und Nadellegen mit.

Jetzt habe ich es endlich zugelassen. Ich habe dich so schrecklich lieb, dass ich auf gar keinen Fall mehr denken möchte, dass Du es nicht schaffen könntest.

Bitte kämpfe!!!!

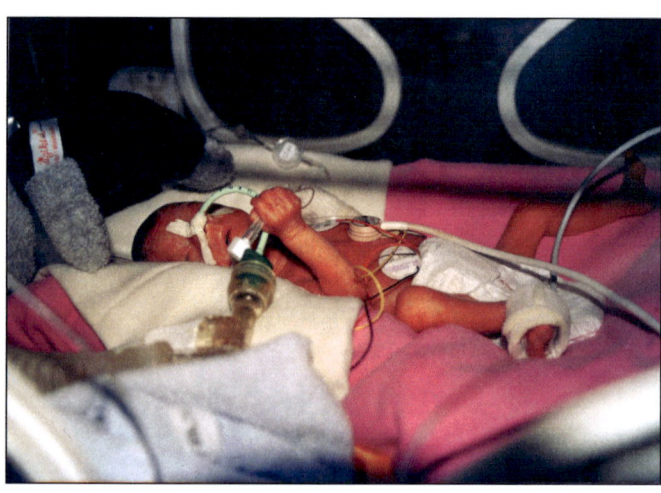

Hannah, du hast abgeführt!!!!! Endlich.
Darauf trinken Papa und ich gleich einen Sekt.

Leider wird deine Lunge immer schlechter. Die guten Phasen (Sauerstoff unter 40 %) werden immer seltener und kürzer. Heute beginnen wir noch einmal mit der Cortisontherapie, zur Lungenreife. Papa hatte ja Bedenken wegen dem Artikel über neurologische Schäden, den er gelesen hat. Die Hirnreifung soll beeinträchtigt werden. Egal! So denken wir mittlerweile. Aber schön aufpassen. Mara hat auch ganz oft Cortison bekommen, und ist trotzdem pfiffig.

Hannah, du machst das schon.

Am Wochenende durften wir das erste Mal Känguruhen. Hannah, wir waren beide ganz schön aufgeregt.
Endlich durfte ich mal ganz nah bei dir sein, dich riechen und halten. Ich habe dich gespürt, habe dich ganz fest gehalten, deine Haut auf meiner gespürt. Ein wundervolles Gefühl. Mein Baby, endlich zum Greifen. Aber nun konnte man deine Zerbrechlichkeit noch besser fühlen. Erst habe ich gedacht, die Aufregung würde auf dich übergehen, aber, Sättigung stieg, Atemfrequenz wurde ruhiger. Also hat es dir auch gut getan.
Gestern war Papa dann auch dabei. Auch er war ganz schön aufgeregt, aber hat dann so richtig entspannt. Ein super Gefühl.

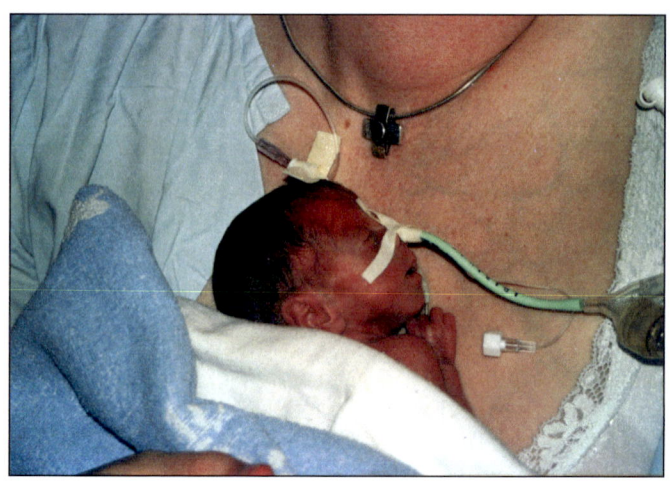

Manchmal kommen immer noch die Schuldgefühle hoch, warum ich nicht länger ausgehalten habe, was ich denn falsch gemacht habe. Aber dann denke ich, irgendetwas hat nicht gestimmt, so dass du deshalb früher raus musstest.
Heute war es richtig heiß. Mara war im Planschbecken und hat uns nass gespritzt. Nächstes Jahr bist du dann dran und deine große Schwester spritzt dich nass.
820 g

MITTWOCH 31.7.2002   20. TAG

Morgen bist du drei Wochen alt. Du siehst viel reifer mittlerweile aus, aber deine Lunge ist noch nicht reif genug.

Heute Morgen gegen 4.00 Uhr hast du dich selbst extubiert, hast dir den Beatmungsschlauch selber gezogen. Leider musstest du trotz CPAP-Hilfe um 12.30 Uhr wieder intubiert werden. Du bist einfach nicht stark genug.

Hannah, dein Anblick war ganz schrecklich.
So verletzlich, so unwirklich alles. Obwohl man mich raus geschickt hat, konnte ich die Intubation sehen. Es war schrecklich. Du warst so grau, dann ganz weiß. So zerbrechlich, wie eine kleine Porzellanpuppe. Ich hatte so Angst. Ich habe vor der Tür gestanden, und konnte sehen, wie immer weniger Sauerstoff in deinem Körper war, wie immer lebloser du wurdest und wie nervöser die Schwestern wurden.
Liebe Hannah, ich habe gedacht, sie schaffen es nicht. Dein Hals war von der Anstrengung beim Selberatmen so geschwollen, so dass die Intubation sehr schwierig war. Die Schwester schien auch recht sauer, dass der Oberarzt solange gewartet hat. Toll, ich kenne diese Versuche ja selber, ich habe oft gesehen, dass man nicht zu lange warten darf. Mit solchen Aktionen schadet man der Lunge mehr als man denkt …
Ach, Hannah, wir haben alle so gehofft. Oma und Opa waren extra in der Kirche.
Obwohl wir lange gekuschelt haben, hattest du keine Kraft zum Atmen.
Die Enttäuschung, Sorgen und Angst, alles bricht auf mich ein. Was wird nun? Schaffen wir es? Ich habe nur noch

Angst. Ich kann gar nicht mehr lachen, obwohl Mara das jetzt bestimmt braucht. Ich habe das Gefühl, meine Kraft geht zu Ende, ich kann nicht mehr.

Ich vermisse dich so sehr. Vermisse deine Tritte in meinem Bauch, abends das Lalelu der Spieluhr, die Gespräche mit dir. Vermisse Mara, mit der ich immer zusammen war, so schön spielen konnte. Vermisse die Gespräche mit deinem Papa, die Zukunftspläne …

Alles hat sich verändert und ich habe Angst, dass wir das alles nicht schaffen.

Ich muss immer nur weinen. Warum habe ich nicht länger ausgehalten?

Warum???

FREITAG 2.8.2002   22. TAG

Mara hat so schlecht geschlafen. Ich habe sie zu uns ins Bett geholt. Morgens beim Arzt ist dann aufgefallen, dass ihr Trommelfell geplatzt ist. Oh, Hannah. Deine Schwester hat schreckliche Ohrenschmerzen und ich habe es nicht gemerkt. Was bin ich für eine Mutter?

Dir geht es unverändert. Heute Nachmittag 50 % Sauerstoff.

Die Schwester heute hat etwas sehr Wichtiges gesagt.
Wir sollen uns einmal vorstellen und dürfen nicht vergessen, dass du noch gar nicht atmen würdest, noch gar nicht essen würdest, und auch noch nicht verdauen würdest. Warum das jetzt alle von dir erwarten?
Ein guter Gedanke!

Papa ist gerade känguruhen, weil du heute Nachmittag zu instabil warst, mussten wir es verschieben.
820 g

Schlaf gut.

SAMSTAG 3.8.2002   23. TAG

Hannah, kämpfe!
Ich will mit euch allen unterm Weihnachtsbaum sitzen.
Papa ist heute sehr traurig. Er hat Angst, weil du jetzt schon 60 % Sauerstoff brauchst.

Hannah, ich liebe dich.

Hallo Hannah, irgendetwas stimmt nicht. Was ist los? Du bist so unruhig. Kramst soviel herum und lässt dich gar nicht beruhigen. Ich kann gar nichts tun. Ich wage schon gar nicht mehr, dich zu streicheln, weil du dann so unruhig wirst und deine Sättigung dann so rapide abfällt.

Du brauchst mittlerweile 65 % Sauerstoff. Ich habe Angst,.

Das känguruhen mussten wir heute auch abbrechen, weil du so instabil warst.

Liebe Hannah, wie kann ich dir nur helfen.

Die Schwester heute Abend war sehr gereizt. Du hattest nur eine Sättigung von 65 %, hast gekramt und keiner schaut nach dir.

Heute Abend hat Papa bei der Tochter von seinem alten Chef angerufen. Sie ist Kinderärztin in Hamburg. Sie war zufrieden mit deinem Verlauf. Leider würden einige Frühchen so lange an der Beatmung brauchen.

Ach Hannah, ich bin so traurig, habe nur noch Kopfschmerzen.

Mama

DIENSTAG 6.8.2002   26. TAG

Heute war es schrecklich.

Als ich heute Morgen anrief, war die Schwester sehr still und bedrückt. 85 % Sauerstoff, du recht unruhig, schlechtes Thoraxbild.

Oma Inge ist gekommen, um bei Mara zu bleiben. Papa und ich sind dann zu dir gefahren.
Kritische Lage, Verdacht auf Sepsis, Verdacht auf atypische Pneumonie.

Hannah, ich verspreche dir.
Wenn wir nun an dem Punkt anlangen, wo du nur noch gequält wirst, deine Chancen weiter sinken, du keine Kraft mehr hast, werden wir dich gehen lassen.
Auch, wenn ich daran zerbrechen werde.
Ich möchte dich dann auf meinem Bauch spüren, dir ganz nahe sein, dich halten. Den letzten Weg mit dir gehen und dir Geborgenheit und Kraft dafür geben. Und wenn es auch meine allerletzte Kraft sein soll. Ich liebe dich so sehr, Hannah. Du bist in der kurzen Zeit ein Teil von mir geworden, ein Teil in mir drin. Und du darfst und sollst nicht endlos leiden.
Die Schwestern sind der gleichen Meinung und wollen uns dann helfen. Ich hoffe, wir, dein Papa und ich werden diesen Zeitpunkt erkennen und dann ganz stark sein.
Ich liebe dich, du bist ein Teil von uns allen. Wir haben so

große Träume und in diesen Träumen spielen Mara und du die Hauptrollen.

Oh Hannah, alle denken an dich und beten für dich.

Wir sind den ganzen Tag bei dir.

Am Abend wirst du ruhiger. 60 % Sauerstoff, aber weiter sehr instabil.

Kämpfe!

MITTWOCH 7.8.2002   27. TAG

Liebe Hannah,

du wirst immer instabiler. Deine Sättigungsabfälle werden immer häufiger, trotz steigendem Sauerstoff.

Ich habe solche Angst. Wir sind den ganzen Tag bei dir gewesen.

Immer häufiger kommen die Gedanken, dass du es nicht schaffen könntest und was dann wird.

Ich will ja positiv denken, daran denken, wie du an meiner Brust trinkst, wie du krabbelst, wie du mit Mara nächstes Jahr im Sand spielst, aber ich habe solche Angst.

Gott, hilf uns!

Mach Hannah stark.

910 g

DONNERSTAG 8.8.2002   28. TAG

Hallo Hannah.

Heute Morgen kam Papa weinend aus dem Krankenhaus. Ich lag noch im Bett, da er ja um 4.30 Uhr zu dir geht, vor der Arbeit. Er war so traurig, hat immer wieder gesagt, dass du es nicht schaffst. Dein Sauerstoff war auf 75 % hoch und du warst sehr instabil. Alle schienen sehr bedrückt. Ich habe ihn einfach nur ganz fest gehalten und mit ihm geweint. Unsere liebe Hannah.

Liebe Hannah, wir haben so Angst.

Mara haben wir zur Marlene, einer Freundin, gebracht und sind dann zu dir gefahren. 65 % Sauerstoff und etwas stabiler. Alle Ärzte schauten sehr ernst. Es würde eine lange Sache mit dir werden, aber das wusste ich doch schon. Hannah, nimm´ dir die Zeit, die du brauchst …

Mittags hast du dich etwas stabilisiert, so dass Papa sogar känguruhen darf.

Besenstrich für Besenstrich.

980 g

SONNTAG 11.8.2002 31. TAG

Die letzten Tage waren wieder recht instabil, liebe Hannah.

Zuviel Sauerstoffbedarf und zu viele Sättigungsabfälle. Heute sogar einen ganz schrecklichen. Ich hatte Angst, dass alles vorbei ist. Und alles nur beim Köpfchen drehen. Alle scheinen sehr bedrückt, keiner traut sich mehr was über deinen Zustand zu sagen.

Alle sind so lieb zu dir, halten zärtlich deinen Kopf; sprechen ganz liebevoll mit dir, wollen dich so verwöhnen.

Hannah, mittlerweile ist es so kritisch, hast bis zu 95 % Sauerstoff. Hey Hannah, mehr als 100 % geht nicht. Das gibt es nicht. Dann hast du keine Chance mehr.

Du musst dich anstrengen.

Wir sind die ganze Zeit bei dir, Papa hat frei bekommen.

Dir geht es sehr schlecht. Die Schwestern weichen auch nicht mehr von deinem Inkubator. Wir sollen jeder Zeit damit rechnen. Was heißt denn, damit?

Ich will nicht, dass es vorbei ist. Ich will, dass wir siegen. Siegen gegen den Tod, siegen gegen die Zeit, siegen gegen die Ungewissheit. Ich will.

Abends scheint es dir etwas besser zu gehen.

Gott sei Dank.

Morgen kommt der Oberarzt wieder, der die Intensiv normalerweise leitet. Vielleicht hat er noch eine Idee??

Ach, liebe Hannah.

Du bekommst schon 8x12 ml Muttermilch über die Magensonde.

Endlich nimmst du mal schneller zu.

Die Schwester hat heute Morgen gesagt, dass du bestimmt seit dem Extubationsversuch einen Kuschelhorror hast. Du bist seitdem beim Känguruhen sehr unruhig, musst erst wieder Vertrauen finden.

Leider ist dein Tubus nur ganz leicht fixiert, deswegen dürfen wir heute nicht kuscheln.

Dein rechter Nasenflügel ist schon bis zur Hälfte eingerissen. Drucknekrose. Hoffentlich tut dir das nicht weh.

Ach, liebe Hannah, deine große Schwester macht ihre Sache so gut, lässt mich immer zu dir, ohne Weinen. Als wenn sie verstanden hätte, wie wichtig es ist, dass ich zu dir gehe.

Besenstrich für Besenstrich

Liebe Hannah,

langsam scheinst du stabiler zu werden. Gestern Morgen haben sie dich umintubiert, wegen deiner Beatmungsparameter und wegen deiner eingerissenen Nase. Seitdem geht es dir besser.

Sollte es doch mit dem neuen Oberarzt zusammenhängen? Mit neuen Ideen?

Cortisontherapie hat auch wieder begonnen. Leider macht wegen der Relaxierung (medikamentöse Muskelerschlaffung bei der Intubation) dein Darm nicht mehr so richtig mit. Naja! Man kann nicht alles haben …

Am Montag hast du 1065 g gewogen. Abends haben Papa und ich eine Flasche Sekt aufgemacht. Endlich über 1000g.

Am Dienstag, also heute, war erst einmal abführen angesagt. Nachdem das geklappt hat, durften wir endlich auch wieder kuscheln. Das hat uns beiden sehr gut getan.

Hannah, nach den letzten schrecklichen Tagen habe ich heute das erste mal wieder ein gutes Gefühl. Ich traue mich, mir vorzustellen, das wir irgendwann eine normale Familie sind.

Hannah, auch wenn irgendetwas nicht so normal ist, du nicht ganz so pfiffig bist, deine Augen unter dem Sauerstoff leiden, wenn irgendetwas nicht mit dir nicht stimmt, Hannah, egal. Ich will dich nie mehr verlieren. Jetzt, wo die Hoffnung wiedergekommen ist, möchte ich nur noch, dass du es schaffst. Egal wie. Ich möchte dich nur noch mit nach Hause nehmen, ich möchte dich immer halten, ich will dich einfach nur lieben. Du bist meine, unsere Hannah!!

Dein Thoraxbild (Röntgenbild von der Lunge) sieht zwar immer noch sehr unreif aus, die Ärzte nennen es BPD, bronchopulmonale Dysplasie, aber wir haben Zeit.

Mama

DIENSTAG 20.8.2002   40. TAG

Hallo Hannah.

Nun bist du schon 5 ½ Wochen alt. Und es hat sich viel getan in der letzten Woche. Nachdem Deine Atmung sich stabilisiert hat, hast du seit Donnerstag nur noch auf CPAP geatmet. Die Maschine hat dir noch beim Atmen geholfen, aber du wurdest immer besser.

Wir haben sehr viel gekuschelt. Das Känguruhen gehört jetzt einfach dazu.

Seit Montagmorgen bist du jetzt auch ohne Tubus. Nach 39 Tagen harter Beatmung geht es dir endlich besser.

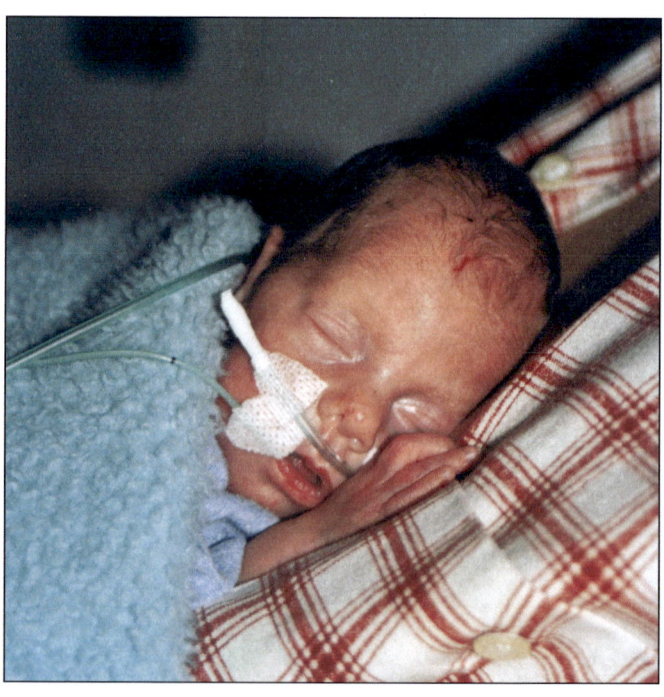

Und liebe Hannah, du machst deine Sache sehr gut.

Du kannst jetzt auch richtig schreien. Es war ein wundervolles Gefühl als ich dich das erste Mal schreien gehört habe. Wie ein richtiges Baby.

Du regst dich zwar recht schnell auf, was für deinen Sauerstoffbedarf nicht so gut ist, aber egal.

Papa kommt jetzt jeden Morgen um 4.30 Uhr kuscheln und ich nachmittags.

Irgendwie spielt sich unser Leben so ein. Mara scheint sich auch an ihr Leben so zu gewöhnen. Sie ist jetzt sehr anhänglich, will ganz viel schmusen, aber nachmittags lässt sie mich ganz tapfer gehen.

Gestern ist uns beim Kuscheln deine Infusionsnadel rausgerutscht und du hast sehr viel Blut verloren. Au weia!!

Du bist jetzt auch häufig sehr unruhig, hast wohl Blähungen. Die Schwester hat dir ein Kirschkernkissen gebracht. Ich habe dir dann mit Kümmelöl den Bauch massiert. Hoffentlich hilft es.

Im Moment ist Oma Resi da, greift uns etwas unter die Arme. Danke!

1105 g

Mama

DONNERSTAG 22.8.2002   42. TAG

Hallo Hannah,
heute bist du aus dem Inkubator ins Wärmebettchen gekommen. Siehst aus wie ein Suchbild, meint die Schwester.
Hoffentlich verirrst du dich nicht, so klein, und in so einem
riesigem Bettchen. Und, du hattest das erste Mal einen
Body an. Darin sahst du aus wie ein großes Baby.
Du atmest immer noch ohne Maschine. Du bekommst nur
noch über eine kleine Nasensonde Sauerstoff. Die Schwestern unternehmen stetig den Versuch, deinen Sauerstoff zu
reduzieren. Hoffentlich klappt das bald.

Morgen kommt der Augenarzt, da immer noch Augenschä-
den aufgrund des Sauerstoffes und der unreifen Netzhaut
auftreten können.

Dein Darm macht auch wieder Probleme.

Heute war wieder die nette kleinere ältere Nachtschwester da, und sie hat uns richtig Mut gemacht. Wir haben ihr
erzählt, dass wir uns so sehnlich wünschen, Weihnachten
zusammen unterm Baum zu sitzen, dass das unser großes
Ziel ist. Weihnachten als eine Familie zu verbringen.
Sie hat dann ganz energisch gesagt, dass wir das auf jeden
Fall schaffen werden.
Hannah, Weihnachten!!!
1150 g
Mara ist krank. Brechdurchfall. Die arme Maus. Irgendetwas
bahnt sich da an.

Mama

SONNTAG 25.8.2002 45. TAG

Liebe Hannah.
Du machst deine Sache richtig gut. Obwohl es sehr anstrengend erscheint, atmest du toll. Ok, hohes CO_2. Aber was soll`s.

Du bist ziemlich rege geworden.

Deine Blähungen werden nun mit Medikamenten besser, alles scheint im Moment richtig zu laufen.
Du bist zwar noch instabil, hast viele Sättigungsabfälle, einige abenteuerlichen Bradykardien (Herzfrequenz-abfälle), aber jeder Besenstrich zählt.

Heute hast du das erste Mal aus einem Sauger getrunken. Die Schwester hat es mit dir probiert. 2ml!!!!!! Supermaus!

Heute Abend war ich richtig sauer. Nur weil du wieder unruhig warst, haben sie dir Atosil (Medikament zur Beruhigung) gegeben. Super. Dann sollen sie mich doch lieber anrufen, damit ich versuchen kann, dich zu beruhigen.
Von dem Neuroleptikum (Beruhigungsmittel) hast du ganz fürchterliche Zuckungen bekommen. Es sah ganz schrecklich aus. Die Nachtschwester war auch sauer darüber.
Arme Hannah, jetzt musst du auch noch zucken.

Gestern waren Oma Inge und Opa Willi an der Besucherscheibe. Ich glaube, sie waren ganz schön geschockt, wie klein du bist. Dabei bist du schon so viel gewachsen …

SONNTAG 8.9.2002   59. TAG

Hallo liebe Hannah.
Die letzten 2 Wochen waren sehr anstrengend. Mara ist
richtig heftig krank.

Als ich sie einen Abend bei Marlene abgeholt habe, war
sie ganz traurig. In der Badewanne habe ich dann bemerkt,
dass sie einen dicken, schmerzenden Bauch hat. Sie hat ganz
fürchterlich geweint.
Wir sind dann sofort ins Krankenhaus und so nahm der
Horror seinen Lauf.
Keiner wusste, was sie hat.
Sämtliche Diagnosen sind wir durchgegangen.
Niemand kann ihr helfen. Immer geblähtes Abdomen, mit
Ileus (Darmverschluss). Wir sind immer wieder eingewiesen
worden.
Sogar einen bösartigen Tumor haben sie diagnostiziert. Das
war die reinste Hölle.

Unsere ganze Welt ist zusammengebrochen.
Ich weiß noch, wie Papa aus Aachen kam, weil die CT- Bil-
der von Mara`s Bauch in der Kinderradiologie vorgestellt
worden sind, und dort ein Kinderradiologe gesagt hat, Mara
hätte ein Lymphom (extrem bösartiger Tumor).
Papa und ich haben oben auf der Kinderstation bei Mara ge-
sessen und konnten gar nichts mehr begreifen. Wir mussten
nur noch weinen. Unsere große Maus an Krebs erkrankt,
die andere kämpft im Erdgeschoss um ihr Leben. Was sind
wir nur für Eltern. Ich habe so gehofft, dass ich aufwache,
und alles ist vorbei.
Wir sind dann nach Düsseldorf überwiesen worden. Ganz

früh morgens musste ich mich dann von dir verabschieden.

Ich wusste nicht, wann ich dich wieder sehen und streicheln konnte.

Selbst die Schwestern von der Kinderintensiv waren völlig fertig, richtig hilflos. Sie haben mich ganz fest in den Arm genommen, konnten auch gar nichts sagen. Sie haben mir dann versprochen, auf dich aufzupassen, dich zu verwöhnen, mit dir zu kuscheln.

Ich hatte das Gefühl, dass alles verschwimmt. Wie ein Fluss, der sich den Weg durch ein Tal nimmt.

Ich wollte einfach nicht mehr.

Ich wollte bei dir sitzen bleiben, für immer. Die Zeit anhalten, das Böse somit aufhalten. Ich hatte so Angst, was auf mich zu kommen würde.

Und es war so schrecklich.

Hannah, wie viel kann ein Mensch ertragen?

Wie viel müssen wir ertragen?

Bis zu diesem Zeitpunkt wusste ich das noch nicht.

Aber als ich mit Mara in Düsseldorf in der Kinderonkologie war, habe ich gemerkt, dass mein Limit bald überschritten ist.

All die kranken kahlen Kinderköpfe, die traurigen Blicke, die tapferen kleinen Patienten, oh Gott, war das schrecklich.

Gott sei Dank hat sich die schreckliche Diagnose nicht bestätigt. Einen Tumor konnten sie ausschließen, aber eine Ursache haben sie nicht finden können.

Durch das ganze Hin und Her ist Mara nun ziemlich verwirrt. Die arme Maus. Sie ist völlig abgemagert, zu schlapp zum Laufen und Spielen. Sie weint schon gar nicht mehr, selbst dafür fehlt ihr die Kraft, oder der Wille.

Dieses Wochenende haben wir Urlaub vom Krankenhaus, müssen morgen früh wieder hin.
Vielleicht werden wir dann doch nach Köln in die Kinderchirurgie verlegt, wer weiß?
Wir planen im Moment gar nichts mehr …

Aber du machst deine Sache weiter gut.
Deine Atmung stabilisiert sich, du brauchst nur noch wenig Sauerstoff.
Heute Abend bist du sogar von der Intensiv auf die Überwachung gekommen.
Der erste Schritt nach Hause.
Dein Gewicht ist auch schon enorm. 1505 g!! Super.

Papa war letzte Zeit sehr viel Känguruhen. Gott sei Dank braucht er im Moment nur halbe Tage arbeiten, so dass wir immer bei dir oder Mara sein können.
Du lässt dich von allem nicht ablenken.

Stetig einen Besenstrich weiter.

Bis auf ein Formtief am Dientag geht es jeden Tag bergauf. Du hattest wohl einen kleinen Infekt. Erbrechen, Apnoe (Atempausen) mit gravierenden Bradykardien. Es scheint aber vorbei zu sein.

Die Schwestern und Ärzte von der Kinderintensiv sind sehr lieb zu dir. Sie tragen dich stets umher, känguruhen, wenn Zeit dafür ist, so dass wir kein schlechtes Gewissen dir gegenüber haben brauchen und du dich weiter geborgen fühlst. Sie haben dir sogar eine Art Hängematte ins Wärmebettchen gebaut. Da liegst du dann friedlich drin, das Gefühl von Geborgenheit, wie ein leichtes Schaukeln.

Hannah, heute habe ich dich das erste Mal angelegt.
Du warst richtig verwirrt, was wollte ich nur von dir? Nachdem wir aber den Bogen raus hatten und du verstanden hast, wie du nun saugen musst, war es himmlisch.
Auf diesen Augenblick habe ich doch so lange gewartet.
12 ml!!!!

Hannah, ich liebe dich.

Hallo liebe Hannah.

Jetzt können wir hoffentlich wieder regelmäßig schreiben.

Mara und ich sind gestern aus Köln entlassen worden. Sie wissen immer noch nicht, was Mara hat. Den Grund für den dicken Bauch haben sie nicht gefunden, aber alles an schlechten Krankheiten ist ja jetzt ausgeschlossen …

Vielleicht hängt ja doch sehr viel mit der Psyche zusammen. Vielleicht vermisst sie mich doch mehr als ich denke, vielleicht merkt sie doch, wenn Papa und ich so traurig sind. Zum Verstehen ist sie nun mal noch zu klein.

Heute Abend soll Mara dich kennen lernen. Haben die Schwestern von K5 organisiert. Ich bin ganz aufgeregt, was Mara wohl „sagt".

Du hast letzte Woche gar nicht zugenommen.

1540 g.

Vielleicht hat dir das Kuscheln gefehlt, denn als wir am Wochenende wieder „Urlaub" hatten und ich zum Känguruhen da war, hast du wunderbar zugenommen.

1620 g

Deswegen darf Marlene jetzt auch zum Känguruhen kommen. Normal dürfen ja nur die Eltern rein, aber wegen unserem Stress wird eine Ausnahme gemacht.

Am Sonntag war sie schon einmal mit, um dich kennen zu lernen. Sie war ganz begeistert, auch mit welcher Wonne du aus der Brust trinkst, „20 ml".

Am Montag bist du dann beim Kuscheln bradykard (Abfall

der Herzfrequenz) geworden. Du hast sie ganz schön er-
schreckt damit.
Ach liebe Hannah, jetzt fehlst nur noch du zu Hause. Beeil
dich doch ein bisschen …!

Papa geht es nicht sehr gut. Er hat immer Magenschmerzen.
Es ist aber auch für alle ganz schön viel.

Bis heute Abend

Ich glaube, Mara war begeistert. Erst war sie ein bisschen
schüchtern, aber als Papa dich dann im Arm hatte, hat sie
dich gestreichelt. Ich hatte einen Teddy gekauft, den sie dir
mitbringen konnte. Ganz stolz hat sie ihn dir gegeben und
wollte, dass du ihn unbedingt in den Arm nimmst. Jetzt
weiß Mara endlich, wer Hannah ist. Als ich dich dann nehmen wollte, hat sie aber protestiert. Naja, Eifersucht wird
wohl kommen. Ist ja ganz normal. Die Schwestern hatten
dich in ein Einzelzimmer geschoben, so dass niemand Mara
bemerkt hat.
Vielen Dank, liebe Schwestern.
Schlaf gut, bis morgen.

Mama

FREITAG 21.9.2002   73. TAG

Hallo, liebe Hannah.
Super, du trinkst jetzt immer mehr aus der Flasche und auch
das Anlegen klappt sehr gut.
1650 g heute, na ja.

Besenstrich für Besenstrich.

Die Schwestern haben heute Morgen ein Foto von dir im
Eimer beim Baden gemacht. Sieht toll aus.
Ach, Hannah. Nun ist es schon wieder nach 23.00 Uhr. Das
wird ja jetzt abends ganz schön spät.
Wenn ich doch dann wenigstens nachts schlafen könnte,
aber Mara scheint immer noch ziemlich durcheinander.
Sie hat wieder erbrochen und weiter starken Durchfall. Was
sollen wir nur machen. Unser Kinderarzt weiß auch nicht
weiter.
Gute Nacht!

Warum „kramst" du eigentlich immer so nach dem Hinle-
gen? Vielleicht bist du schon verwöhnt????

SONNTAG 23.9.2002   75. TAG

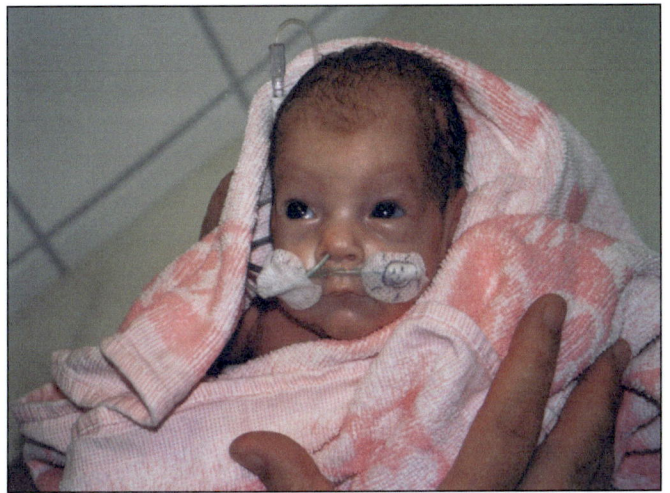

Heute war Papa beim Baden und Wiegen dabei.
1720 g!!!
Deine Cousins Jonas und Lukas haben uns heute besucht.
Dich natürlich auch, am Fenster.

Abends hast du dann 50ml aus der Brust getrunken. Wahn-
sinn! Danach hast du fest und lange geschlafen, sagen die
Schwestern.

Hendrik, einem anderem Frühchen, geht es sehr schlecht.
Hat einen schweren Infekt.

MONTAG 24.9.2002   76. TAG

Infektbeginn.
Liebe Hannah, ich habe Angst.
Dir geht es nicht gut. Was ist passiert?

In drei Monaten ist Weihnachten.

Meningitisverdacht, Lumbalpunktion, Sättigungsabfälle mit gefährlichen Bradykardien.

Hannah, ich habe solche Angst. Hört denn unser Pech nie mehr auf?

Die Entzündungswerte im Blut sind sehr hoch.
Da die Beatmungsplätze auf der Intensivstation alle belegt sind, musst du eventuell nach Köln verlegt werden.
Was passiert auf der Intensiv?
Alle Frühchen, die ungefähr so alt sind wie du, haben einen schrecklichen Infekt. Die anderen beiden werden schon beatmet, denen geht es noch schlechter.
Yukatan besonders.
Du siehst ganz gräulich aus, deine Atmung geht ganz schnell und scheint dich sehr anzustrengen. Gerade habe ich mit dem Krankenhaus telefoniert.

Hannah, sag, dass das nicht wahr ist. Dir ging es doch so gut.
Ich träumte schon von zu Hause, und jetzt. Papa ist gerade bei dir und spricht auch mit den Ärzten.
Ich habe solche Angst.

Mara schläft, sie wird auch immer schwächer. Sie kann nicht richtig essen, erbricht viel, hat oft Bauchschmerzen.

Hannah, was ist das für eine Welt. Dabei wollte ich doch nur eine gute Mutter sein, eine normale Familie sein, und jetzt versage ich gleich zweimal.

Ich liebe dich, Mama

Ein ganz heftiger Infekt!

Woher, kleine Maus? Warum nur wieder du?
Irgendwie scheinen wir nicht die Kurve zu kriegen.
Ich habe Angst. Angst, dass ich meine Mäuse verlieren muss.
Was habe ich denn nur getan, warum müssen wir so leiden.
Vielleicht muss Mara auch wieder stationär aufgenommen werden. Sie erbricht immer noch. Die Schwestern von K 5 haben gesagt, wir bekommen dann alle ein Zimmer zusammen. Ist das nicht nett, sie würden alles organisieren.

Ich weiß nicht, ob ich noch lange durchhalte. Mir ist immer schlecht.
Man funktioniert nur noch, irgendwie wie mit einem Schleier vor den Augen. Alle Freunde versuchen zu helfen, aber ich will nur noch, dass alles vorbei ist. Ich will wieder normal leben. Mit Mara, mit dir und mit Papa. Ich will wieder normal einkaufen, normale Mahlzeiten kochen, selber meine Wohnung putzen, einfach nur normal sein. In Ruhe wieder spazieren gehen, irgendetwas planen, sei es nur für den nächsten Tag.

Ach, Hannah, Gott sei Dank geht es dir schon etwas besser. Ein ganz klein bisschen.
Nach einer Blutkonserve und sehr starken Antibiotika scheinst du dich zu stabilisieren. Vielleicht schaffen wir es noch ohne Verlegung nach Köln.
Du scheinst auf die Medikamente allergisch zu reagieren. Überall rote Punkte, die auch noch zu jucken scheinen. Die Ärztin meinte, das wäre nicht so schlimm. Naja!

Du trinkst auch schon wieder etwas an der Brust und an der Flasche.

Hannah, kämpfe!

Heute brauchtest du wieder einen neuen Zugang. Es war schrecklich. Die Ärztin musste ganz oft stechen, weil du so viel Flüssigkeit in den Armen und Beinen eingelagert hast.

Hannah, du musst so viel aushalten. Wenn ich dir doch nur etwas abnehmen könnte.

Morgen gehe ich mit Mara zu einer Homöopathin.

Drück uns die Daumen!

Liebe Hannah.

Es geht dir wieder besser. Blutwerte fast in Ordnung, Fieber fast weg, und du trinkst auch wieder richtig gut, Hoffnung!!!

Trotz Infekt hast du gut getrunken und sogar zugenommen. Die Schwestern und Ärzte sind begeistert von deinem „Dickkopf"

1990 g

Hannah, du wirst es kaum glauben.

Mara geht es auch besser.

Die Homöopathin hat wirklich geholfen. Sie hat Mara Kügelchen gegeben, und sie hat danach nicht mehr gebrochen. Sie kann sogar schon wieder richtig essen. Ich verstehe es zwar nicht, aber es hilft. Sie vermutet, dass der Darm von Mara durch die Antibiotikabehandlung bei dem Trommelfelldefekt mit einer wahnsinnigen Entzündung reagiert hat, dazu komme der momentane psychische Aspekt, und das alles würde sich bei Mara so erschreckend auswirken …

Eigentlich ist es wie ein Wunder, aber an die müssen wir ja auch noch glauben.

Mama

MITTWOCH 2.10.2002   84. TAG

Heute habe ich dich das erste Mal selber gebadet. Im rotem Eimer. Hat dir aber nicht so gut gefallen. Du wolltest dich immer abstoßen.

Ach Hannah, du verschluckst dich so oft beim Trinken. Dann wirst du bradykard und deine Sättigung fällt ab. So kommen wir nie nach Hause.

2000 g

Die Schwester hat dich heute beleidigt und hat von mickrigen 10 g Gewichtszunahme gesprochen. Darauf hast du abends das absolute Fresstheater veranstaltet. Erst 68 ml aus der Flasche und dann noch 40 ml aus der Brust. Trotzdem warst du weiter ganz schön unzufrieden. Du hältst uns alle auf Trab.

Die Nachtschwestern haben uns heute gesagt, wir sollen jetzt einfach immer ganz ungeduldig nachfragen, wann du endlich heim darfst. Sonst würde das sehr träge ablaufen.

Mit dem Stillen klappt auch nicht gut im Moment. Du bist zu hektisch. Oder werde ich einfach zu nervös, oder bin ich zu rastlos?
Wenn wir erst einmal zu Hause sind, dann versuchen wir es mit Ruhe – und Gemütlichkeit (wie Balu singt).

DONNERSTAG 3.10.2002   85. TAG

Du hast sehr schlecht geschlafen.
Ach, Hannah, warum bist du so mopperig?

Das Stillen klappt auch nicht, weil du so dabei meckerst und
ich werde dann immer ganz nervös. Aber irgendwie kann
ich mich auch nicht richtig entspannen, wenn ich bei dir bin.
Mir gehen so viele Dinge durch den Kopf.

SAMSTAG 5.10.2002   87. TAG

Abgenommen! 1950 g.
Hannah!
Die Schwestern sagen, du verbrennst zu viele Kalorien bei
deinem Gemeckere und Gekrame.

Ich bin heute viel bei dir, aber irgendwie mache ich dich nur
noch nervöser. Aber mir geht es selber nicht so gut und du
merkst das natürlich.
Als die Schwestern mich nachmittags anrufen, dass du hung-
rig wärest, muss ich erst einmal weinen. Hannah, ich bin
völlig fertig, ich schaffe das alles nicht. Alles ist so schwer.

Der Oberarzt will einen Brief an das Sanitätshaus schreiben.
Der Monitor, der Sauerstoff, Absauger und noch vieles für
dich zu Hause muss bestellt werden. Mir wird ein bisschen
mulmig dabei.
Heim!
Hoffentlich schaffen wir das auch. Alle meinen, dir gehe es
zu Hause besser. Aber die Angst!

Wir haben dein Bett schon aufgebaut und langsam suche ich alles für dich zusammen. Gemischte Gefühle. Freude, Hoffnung und viel Angst.

MONTAG 6.10.2002   88. TAG

Heute war ich ganz schön gestresst. Alles so knapp.
Mara war bei Marlene und Frank hat Dienst.
Zum Stillen um 18.00 Uhr haben wir dich geweckt. Da warst du bockig und genervt. Ich muss irgendwie ruhiger werden. Die Augenblicke mit dir viel mehr genießen. Aber mir geht so viel im Kopf rum. Entschuldige bitte!
1980 g! Zugenommen.

Heute war es richtig schön bei dir.

Auch wenn du abends keine Ruhe geben willst. Aber da musste ich an Mara denken und wie sie den Namen „Motte" bekam.

Ach, liebe Hannah. Bald.

Wir haben gerade einen kleinen Schrank für dich aufgebaut. Mara hat geholfen.

Langsam glaube ich selber daran, dass du nach Hause kommst. Ich plane auch schon deine Geburtsanzeige für die Zeitung.

Tja, am Anfang wird es bestimmt schwer und ungewohnt. Aber ich kann jetzt wieder träumen. Ich sehe dich im Tragegurt, sehe dich im Sandkasten, und uns alle unterm Weihnachtsbaum …

Alles recht aufregend.

Opa Heinz ist im Krankenhaus. Hoffentlich ist es nichts ernstes, zumal Oma ja auch kommen will, wenn du heim kommst.

Heute habe ich dich wieder im Eimer gebadet. Das scheint dir mittlerweile sehr gut zu gefallen. Dabei kannst du richtig entspannen.

2045 g

Mama

MONTAG 14.10.2002   95. TAG

Opa Heinz hat Krebs.

Lungenmetastasen und noch keine Ahnung, wo der Primärtumor ist.

Deswegen waren wir am Wochenende auch nicht bei dir. Marlene hat dich aber besucht und die Schwestern haben dich wieder überall rumgetragen.

Wir waren in Hüsten, alle waren da.
Opa Heinz war zu Hause, so dass wir alle zusammen über die Krankheit mit ihm reden konnten.
Oh Hannah, der Gedanke, dass du Opa Heinz nicht kennen lernen und lieben kannst, macht mich ganz traurig. Er ist ein so wundervoller Mensch. Ich habe so viel von ihm gelernt, habe ihm so viel zu verdanken. Immer war er für mich da, für uns alle. Warum nur er, warum du, warum Mara? Warum das alles? Warum gerade immer die lieben Menschen? Wir hätten doch jetzt auch einmal Glück haben können. Es ist grausam.

Mir fällt es im Moment sehr schwer zu beten, ich fühle mich von Gott ganz schön verlassen.
WIE KANN ER SO ETWAS ZULASSEN …

Dann kann Resi auch nicht kommen, wenn du nach Hause kommst, und alleine schaffe ich das doch nicht.

Dir scheint es recht gut zu gehen. Trotz heftigen Blähungen und viel Gespucke nimmst du weiter zu.
Heute werde ich dich wieder baden und wiegen.
Ach, Hannah, alles ist wieder mal durcheinander.

2165 g

Wir planen schon deine Entlassung.
So um den 27.10 rum. Dann ist unser Kinderarzt auch wieder aus dem Urlaub.
Vielleicht brauchst du dann auch keinen Sauerstoff mehr. Hoffentlich!

Im Moment bist du total gefräßig. Lustig. Futterst so um die 90-100 ml pro Mahlzeit und dann noch zwischendurch. Weiter so, dann wächst deine Lunge auch schneller.

Ach Hannah, hoffentlich haben wir jetzt auch einmal Glück.

Am Donnerstag ist Säuglingsreanimationskurs. Zur Auffrischung!!
Am Mittwoch bekommst du ein EEG.
Dann wirst du auch noch geimpft!

Die Hebamme kommt uns heute besuchen, um alles zu besprechen. Was wir noch alles besorgen müssen, an was wir denken müssen. Sie ist schon ganz gespannt auf dich. Gut, dass unsere Hebamme auch Frühchen betreut. Die ist nämlich ganz schön nett und fit. Ich kenne sie noch von Mara.
Siehst du, alle Vorbereitungen laufen auf Hochtouren.
Ich wasche schon deine Sachen und suche alles zusammen.

Heute Morgen war ich einkaufen. Bei C&A gibt es ganz tolle kleine Strampler. Größe 38-42.
Hannah, ich freue mich und bin schon ganz aufgeregt.
Jetzt kann ich endlich mal was planen, endlich mal was organisieren, endlich mal was „Normales".
Mara spürt unserer Aufregung. Sie ist ganz gespannt auf dich. Ihr geht es auch wieder gut, sie nimmt jetzt auch wieder zu.
Ich werde euch beide mästen, zu Hause …

DONNERSTAG 17.10.2002   98. TAG

Bald wäre dein Geburtstermin … und du darfst nach Hause.
Offizieller Termin: 27.10.
Wenn alle Sachen organisiert sind! Monitor, Sauerstoffanlage, Beatmungsbeutel, Absauger, Krankengymnastik, …

Du schaffst es jetzt immer ein bisschen ohne Sauerstoff. Super! Warte ab, bis du zu Hause bist.
Gestern habe ich dich wieder gebadet und gewogen.

2250 g.

Am Montag habe ich Susi (auch eine liebe Freundin) und Marlene gefragt, ob sie deine Patinnen werden wollen. Sie waren richtig gerührt und freuen sich auf dich.

Papa rennt im Moment wie ein aufgescheuchtes Huhn durch die Wohnung, er ist so aufgeregt. Ich kenne ihn so gar nicht, er ist so gespannt. Dann wiederum sehr nüchtern. Er glaubt erst, dass du nach Hause kommst, wenn du in deinem Bett liegst. Er plant nichts mehr, dann könne er auch nicht enttäuscht werden.

Hannah, ich bin so gespannt.

Ich habe jetzt immer mehr Probleme, abends nach Hause zu fahren. Ich will dich nicht mehr alleine lassen, will immer bei dir sein.

Eigentlich wäre heute dein Geburtstermin. Eigentlich …!

Und, es klappt.
Du kommst am Samstag nach Hause.

Ich kann es noch nicht glauben. Wir haben es fast geschafft.

Der medizinische Dienst bringt die Geräte am Donnerstag. Es macht richtig Spaß, alles zu organisieren.

Gestern hast du Opa Heinz kennen gelernt. Die Schwestern haben mal wieder alles organisiert. Vielen Dank!
Opa Heinz muss diese Woche schon mit der Chemotherapie anfangen. Dann darf er erst einmal nicht zu dir. Deswegen der vorzeitige Besuch von ihm.
Es war sehr schön.
Oma und Opa sind ins Arztzimmer gemogelt worden und wir sind dann mit dir dahin gegangen. Du hast den ganzen Besuch verschlafen. Dabei wollte Opa so gern deine großen Augen sehen, aber du schienst recht unbeeindruckt von der Abwechslung. Er weiß ganz genau, dass er dich nicht lange begleiten kann, dass ihm die Zeit für ein Leben mit dir nicht bleibt. Aber er sagt, er sei glücklich, dich kennengelernt zu haben, du wärest ein Kämpfer nach seinem Geschmack …
Sein größter Wunsch ist, dass er dich noch laufen sieht.

Hannah, ich bin ganz schön traurig.

Samstag ist dein großer Tag.
Samstag kommst du nach Hause.

Alles vorbei, die ganze Zeit des Hoffens, die vielen Tränen, die Ängste, alles werden wir hinter uns lassen.
Dann bist du endlich zu Hause.

Liebe Hannah, ich bin so aufgeregt. Was wird Mara sagen, wie wirst du reagieren?? Ob alles klappen wird?
Hannah, es wird wahr, was wir lange nicht geglaubt haben, nicht zu hoffen gewagt haben, es wird wahr.

Und was ich lustig finde, der Zeitpunkt, wo du auch nach Hause gekommen wärest, wenn alles normal verlaufen wäre …
Heute habe ich für Mara schon ein Spielauto gekauft. Das bringst du ihr aus dem Krankenhaus mit. Ziehe ich dir mal vom Taschengeld ab …

Außerdem habe ich eine der Schwestern gefragt, ob sie nicht mal Babysitter bei dir spielen möchte. Sie war total begeistert. Dann kann ich auch mit Mara mal was alleine machen. Ich denke, dass das sehr wichtig ist.

Heute habe ich auch den Bilderrahmen gebastelt, den wir der Station schenken wollen.
Die Geschichte von Beppo Straßenkehrer ist auch dabei.
Deine Geschichte. Besenstrich für Besenstrich …

2320 g.

Du trinkst jetzt richtig toll an der Brust.
Nur mit dem Einschlafen klappt es nicht so. Du solltest auch
den Beinamen „Motte" bekommen.

SAMSTAG 26.10.2002   107. TAG

Heute ist dein großer Tag. Endlich heim!!!!!!

Mara und ich haben die Wohnung mit Girlanden und Luft-
ballons geschmückt. Heimkehr!

Wir fahren um 10.00 Uhr zu dir. Papa und Mara gehen noch
was einkaufen.
Ich will dich noch einmal in Ruhe stillen und dann anziehen.
Eine ganz süßen Strampler, mit einer kleinen Maus drauf.
Hannah, ich freue mich so.

Nach der Abschlussuntersuchung ist es dann soweit.
Auf in die weite Welt.
Das Wetter ist wunderbar an diesem Morgen. Ein sonniger
Herbsttag.

Hannah, nach 15 Wochen und einem Tag ist soweit!
Du hast das stolze Gewicht von 2350g erreicht.
Die Schwestern wünschen uns ganz viel Glück und Freude.
Wir können jeder Zeit anrufen, sie wären auch weiterhin
immer für uns da.

Mara freut sich tierisch über ihr neues Spielauto.

Hannah, es geschehen doch noch Wunder. Seitdem du
im Kindersitz gelegen hast, brauchst du keinen Sauerstoff
mehr.
Ich denke, der Zeitpunkt für die Heimkehr ist genau richtig!!!

Nachmittags kommen Opa Willi und Oma Inge. Sie sind begeistert von dir. Du siehst auch gar nicht mehr krank aus, sondern wie ein richtiges Baby. Nur halt etwas kleiner.

Abends komme ich endlich zur Ruhe. Du warst ganz schön unruhig. Es war ja auch alles sehr aufregend.
Jetzt haben wir es geschafft.

Dein Papa hat ein bisschen Angst, was jetzt alles so auf uns zukommt. Er sitzt ganz lange an deinem Bett und schaut dir beim Schlafen zu. Der Überwachungsmonitor zeigt eine wunderbare Sättigung.

Unser Engel.
Und ich fühle nur noch Zufriedenheit und Liebe.
Endlich zu Hause.

Ich bin so gespannt auf das Leben mit dir, liebe Hannah.

NACHTRAG

Hannah, jetzt bist du schon 5 Jahre alt.

Dieses Jahr kommst du in die Schule. Deinen Schulranzen haben wir schon gekauft. Du bist so stolz.

Du bist so eine süße Maus geworden, mit einem ganz starken Willen, der dich dein Leben meistern lässt.

Die erste Zeit, nachdem du nach Hause gekommen bist, war manchmal ganz schön anstrengend.
Viele Fehlalarme von der Überwachung, Angst vor Infekten. Unsere Versuche den „Perfektionismus einer Frühchenfamilie" zu meistern, sind damals oft kläglich gescheitert.

Aber wir haben ganz schnell gelernt, dass du deinen Rhythmus und dein Tempo selbst bestimmst. Erst, als wir das akzeptiert haben, lief fast alles wie von selbst.

Du hast eben ganz langsam zugenommen.

Du hast eben ganz langsam krabbeln gelernt.

Du hast eben lange nicht durchgeschlafen.

Wenn du mal krank warst, warst du eben richtig krank.

Wenn du keine Lust zur Krankengymnastik hattest, haben wir eben eine Pause gemacht.

Alles hat eben eine andere Zeitrechnung bei dir.

Wir haben uns immer vorgenommen, dich ganz „normal" zu behandeln, dich nicht in Watte zu packen.

Wir waren beim Babyschwimmen, auch wenn du oft schon nach 5 Minuten aus dem Wasser musstest, weil dir viel zu kalt war.

Wir waren beim PEKIP, auch wenn du immer noch den Unterarmstütz üben musstest, obwohl alle anderen schon krabbelten.

Ich habe dich immer noch gestillt, obwohl alle anderen schon ihre Dinkelstangen knabberten.

Du warst schon im Planschbecken, obwohl du noch nicht krabbeln konntest.

Auf dem Bobbycar mussten wir dich noch ganz lange festhalten.

Als du endlich sitzen konntest, hat Mara dich stundenlang angeschaukelt.

Du konntest noch nicht richtig schnell rennen, aber schon Laufrad fahren.

Und, als du auf der Rutsche noch nicht richtig bremsen konntest, bist du eben auf dem Bauch gerutscht.

Und, du hast Opa Heinz noch gezeigt, wie toll Du laufen kannst. Du bist eine Woche, bevor er starb, an seinem Krankenbett entlang gelaufen. Danke.

Heute bist du ein ganz selbstbewusstes Mädchen, das gerne mit Puppen spielt, sehr gerne malt und bastelt. Alles willst du ergründen, überall willst du mitmischen.

Hannah, jeden Tag wird mir bewusst, dass wir trotz der vielen Tränen so viel Glück gehabt haben.

Du gehst jeden Mittwoch zu den Tanzmariechen, auch wenn deine Motorik dich da in vielen Dingen hemmt.

Du fährst Inliner, schnell wie der Wind.

Im Moment versuchst du dich gerade beim Schwimmen, obwohl das für dich sehr viel Konzentration erfordert, weil dir die Koordination sehr schwer fällt. Aber, du hast dein Seepferdchenabzeichen!

Deine kuscheligsten Freundinnen sind Liliffee, Lillebi und Herr Nilsson.

Deine Kleidungsstücke müssen immer in rosa oder pink sein. Am liebsten trägst du ein Röckchen.

Du bist wie ein ganz normales fünfjähriges Mädchen, auch wenn du noch starke Schwierigkeiten mit dem Sprechen hast. Deine Mundmotorik scheint gestört zu sein. Aber ich denke, dass du auch da wieder dein eigenes Tempo bestimmst. Du gehst ab dem Sommer erst einmal auf eine sprachtherapeutische Schule, und dann sehen wir, was wird.

Klar, du bist öfter krank. Aber auch damit haben wir gelernt, umzugehen. Du bist eben etwas ganz besonderes.

Schnell setzt sich jeder Infekt auf deine Lunge, aber dann verbringen wir eben wieder ein paar Nächte am Pulsoxymeter.

Dein Bauch, und so mit deine Verdauung macht uns immer noch Probleme, Du musstest schon mehrmals ins Krankenhaus, Verdacht auf akuten Darmverschluss. Nun musst dafür regelmäßig Medikamente nehmen, manchmal sogar Einläufe über dich ergehen lassen. Du bist sogar schon mit Blaulicht ins Klinikum.

Aber auch das hast du alles mit einer Engelsgeduld ertragen und mit deinem ruhigen Wesen für dich erträglich gemacht.

Und, wenn du richtig krank bist, möchtest du immer noch unsere Alaska-CD hören, das gibt dir eine Art innere Ruhe.

Kuscheln ist immer noch sehr wichtig für dich, da muss ich schon mal alles andere für liegen lassen. Das ist wunderschön und diese Momente genieße ich besonders. Ich hoffe, dass es noch lange so bleibt.

Immer, wenn wir denken, es läuft ganz gut, wirst du krank. Das holt uns dann wieder auf den Boden zurück.

Also planen wir nichts mehr, sondern freuen uns über alle Dinge, die uns gelingen.

Für viele wird sich das anhören, als würden wir alles resigniert hinnehmen. Das ist nicht so. Wir haben nur damit leben gelernt und akzeptiert, dass bei uns manches eben anders läuft.

Du hast uns beigebracht, dass du anders bist. Das du besonders bist. Unsere tapfere, geduldige, wunderbar dickköpfige, liebe Hannah.

Du hast uns gelehrt, in kleinen Schritten zu denken, Besenstrich für Besenstrich …

Wir lieben dich jeden Tag neu, lernen jeden Tag von dir. Du lernst uns, dass es viele wichtige Dinge gibt, aber noch viel mehr unwichtige Dinge.

Ich bin so froh, dass wir es geschafft haben. Dass du es geschafft hast.

Danke, liebe Hannah.

Danke

an Frank, mit dem ich Weinen und Hoffen konnte,

an Mara, die soviel mitgemacht hat,

an unsere Familien, die für uns gebetet haben, uns unterstützt haben,

an unsere vielen Freunde, die immer für uns da sind,

an die Station K 5 der Städtischen Kliniken Mönchengladbach („Eli"),

an Frau Sonnenschein, unsere „strahlende" Krankengymnastin,

an die anderen „Frühchen" aus der Krabbelgruppe,

an das SPZ, das uns immer mal wieder unter die Lupe nimmt,

an Dr. Zimmermann und Dr. Merkes, die uns immer wieder beruhigt haben,

an unsere Kindergärtnerin, die du so sehr liebst,

an Alle, die Hannah das Leben zeigen …

Immer wenn eine kleine Maus zu früh auf die Welt
kommt, ist es ein Schock.
Für alle Beteiligten.
Viele sind hoffnungslos überfordert.
Doch das macht uns Eltern stark.
So stark, das man diese schwere Zeit durchhalten kann.

Hilfe gibt es mittlerweile auch im Internet.
In vielen Foren kann man Fragen stellen, Antworten
bekommen.
In vielen Kliniken kann man sich nun auch professionelle
Hilfe holen.
Geschultes Personal, Sozialarbeiter und Selbsthilfegruppen
können helfen.

Man muss nur lernen, diese Hilfe anzunehmen.